www.ingramcontent.com/pod-product-compliance
Lightning Source LLC
Chambersburg PA
CBHW021451070526
44577CB00002B/363
* 9 7 8 1 9 8 9 8 8 0 8 2 1 *

خودآموز سریع
عروض و قافیهٔ فارسی

رحمت نعمتی

به کوشش و تصحیح

دکتر سعید نعمتی

سریال کتاب: P2245100078

سرشناسه: NMT 2022

عنوان: خودآموز سریع عروض و قافیه فارسی

پدیدآورنده: رحمت نعمتی - سعید نعمتی

طراح جلد: KPH Design

شابک: ISBN: 978-1-989880-82-1

موضوع: عرفان/ شعر/ ادبیات

متادیتا: Literature /Poem/ Cultural/ Language art

مشخصات کتاب: صحافی مقوایی / سایز رقعی

تعداد صفحات: ۶۲

تاریخ نشر در کانادا: فبریه ۲۰۲۲

هر گونه کپی و استفاده غیر قانونی شامل پیگرد قانونی است.
تمامی حقوق چاپ و انتشار در خارج از کشور ایران محفوظ و متعلق به انتشارات می‌باشد
Copyright @ 2022 by Kidsocado Publishing House
All Rights Reserved

Kidsocado Publishing House
خانه انتشارات کیدزوکادو

ونکوور، کانادا

تلفن : +1 (833) 633 8654
واتس آپ: +1 (236) 333 7248
ایمیل : info@kidsocado.com
وبسایت انتشارات: https://kidsocadopublishinghouse.com
وبسایت فروشگاه: https://kphclub.com

سلام هم زبان

دستیابی ایرانیان مقیم خارج از کشور به کتاب‌های بسیار متنوع و جدیدی که به تازگی در ایران نگاشته و چاپ می‌شوند، محدود است. ما قصد داریم این خدمت را به فارسی زبانان دنیا هدیه دهیم تا آنها بتوانند مانند شما با یک کلیک کتاب‌هایی در زمینه های مختلف را خریداری کنند و درب منزل تحویل بگیرند.

گروه KPH و یا خانه انتشارات کیدزوکادو تحت حمایت گروه کیدزوکادو این افتخار را دارد تا برای اولین بار کتاب‌های با ارزش تألیفی فارسی را در اختیار ایرانیان مقیم خارج از ایران قرار دهد.

از اینکه توانستیم کتابهای جدید و با ارزشی که به قلم عالی نویسندگان و نخبگان خوب ایرانی نگاشته شده است را در اختیار شما قرار دهیم و در هر چه بیشتر معرفی کردن ایران و ایرانیان و فارسی زبانان قدم برداریم، بسیار احساس رضایتمندی داریم.

این کتاب‌ها تحت اجازه مستقیم نویسنده و یا انتشارات کتاب صورت گرفته و سود حاصله بعد از کسر هزینه‌ها، به نویسنده پرداخته می شود.

خانه انتشارات کیدزوکادو در قبال مطالب داخل کتاب هیچگونه مسئولیتی ندارد و صرفاً به عنوان یک انتشار دهنده می‌باشد. شما خواننده عزیز می توانید ما را با گذاشتن نظرات در وب سایتی که کتاب را تهیه کرده‌اید به این کار فرهنگی دلگرمتر کنید. از کامنتی که در برگیرنده نظرتان نسبت به کتاب است عکس بگیرید و برای ما به این ایمیل بفرستید. از هر ۴ نفری که برایمان کامنت می‌فرستند، یک نفر یک کتاب رایگان دریافت می‌کند.

ایمیل : info@kidsocado.com

فهرست:

پیشگفتار ۹
فصل اول تعریف شعر ۱۱
تعریف شعر ۱۳
انواع شعر........................ ۱۳
بیت ۱۴
قافیه، روی، ردیف ۱۴
حروف قافیه........................ ۱۶
رَوّی:........................ ۱۸
رِدْف: ۱۸
قید:........................ ۱۹
دَخیل:........................ ۲۰
حرکات حروف قافیه ۲۷
رَسّ: ۲۷
اِشباع:........................ ۲۷
حذو: ۲۸
توجیه ۲۸
مَجری:........................ ۲۸
نَفاذ ۲۹
سَرقات شعر ۳۰
اِنْتِحال: ۳۰
سَلْخ:........................ ۳۱
اِلْمام:........................ ۳۲
نَقْل: ۳۳
عیوب قافیه ۳۴

اِ قواء:	۳۴
ایطاء	۳۵
ایطاء	۳۶
فصل دوم - عمل عروض	۳۹
تعریف عروض	۴۰
مُصَّوِت – صامِت	۴۰
آفاعیل عروضی	۴۱
اَجْزاء آفاعیل عَروضی	۴۲
سَبَب خفیف:	۴۳
سَبَب ثقیل:	۴۳
وَتَد مَقْرون یا مجموع:	۴۳
وَتَد مَفْروق:	۴۳
فاصله صغری:	۴۳
فاصله کبری:	۴۳
تَقْطیع	۴۴
رکن بندی	۴۵
قواعد تقطیع:	۴۸
اختیارات شاعری:	۴۹
ضرورات:	۴۹
حَشْو و انواع آن	۴۹
حشو قبیح:	۵۰
حَشْو مُتوسّط:	۵۰
حَشْو مَلیح:	۵۰
اسامی بحور عروضی	۵۱
بحر طویل:	۵۱
بحر مَدید:	۵۱

بحر بَسیط:	۵۱
بحر وافِر:	۵۱
بحر کامل	۵۱
بحر هزج:	۵۱
بحر رَجَز:	۵۱
بحر رَمَل:	۵۲
بحر مُنْسَرِخ:	۵۲
بحر خفیف:	۵۲
بحر مضارع:	۵۲
بحر مقتضب:	۵۲
بحر مُجْتَثّ:	۵۲
بحر مُتَقارب:	۵۲
بحر مُتَدارک:	۵۲
بحر قدیم یا بحر قریب:	۵۲
بحر مُشاکل:	۵۲
بحر کبیر:	۵۳
بحر صغیر	۵۳
بحر أَحْرَس:	۵۳
بحر بدیل:	۵۴
زِحْف - زِحاف	۵۴
بحور مُزاحَف	۵۵
رُباعی	۵۶
اوزان و بحور رباعی	۵۷
بحور شجرة أَحْرَب	۵۸
بحور شجرة أَحْرَم	۶۰

پیشگفتار

شکر و سپاس بی قیاس به پیشگاه ذات اقدس اَحَدیّت که من بنده حقیر را مَجال خوض و غور در گستره وسیع فرهنگ کهن ایران زمین عطا فرمود تا نکاتی چند پیرامون پاره ای از ویژگیهای شعر فارسی تهیّه و به رسم یادگار برای پویندگان طریق شعر و ادب بر جای بگذارم تا مشتاقان اشعار روح بخش فارسی با اطلاع از قواعد و قوانین بدیهی و ابتدائی مربوط به آن از تلذّذ بیشتری برخوردار گردند.

امید آنکه ارباب خرد در تورّق این وجیزه هرگاه به عیب و نقصی برخوردند با سعه صدر وبرخورداری از تعالیم آسمانی قرآن کریم «....وَ اِذا مَرّوابالْلَغْوِ مَرّوا کراماً» این حقیر را مشمول عنایات واسعه خود قرار داده و شخصاً به اصلاح معایب مشهوده بپردازند، مزید امتنان خواهد بود.

وَمِنَ اَللهِ اَلْتّوفیق وَ عَلَیْهِ التکلان

رحمت نعمتی

بهار سال ۱۳۸۸ خورشیدی

فصل اول:

تعریف شعر

تعریف شعر

برای شعر تعاریف گوناگون آمده که مشهورترین و مقبولترین آن را می‌توان چنین بیان داشت:

شعر در لغت به معنی فَهم، دانش، شعور و نظایرآن می‌باشد امّا در اصطلاح ادبی شعر به کلامی گفته می‌شود که موزون، مرتّب، معنوی، مقفّی، احساس برانگیز و بیان کننده تخیلات باطنی شاعر باشد. در مقابل نظم نیز به کلامی اطلاق که غالب خصوصیات شعر را دارا بوده و موزون، مرتّب و مقفّی باشد امّا اگر همانند شعر احساس برانگیز و معنوی نبوده و مبیّن روح لطیف و ظریف شاعر نباشد به ناچار با شعرهمسنگ نخواهد بود[1]؛ به بیان دیگرهمه شعرها نظم بوده ولی همهٔ نظم ها شعر نیستند.

انواع شعر

شعر از لحاظ مضامین و تعداد ادبیات و سایر خصوصّیات به انواع گوناگون از قبیل رباعی، دوبیتی، غزل، قصیده، مثنوی و... منقسم می گردد.

---

[1] فرق بین شعر و نظم آنست که موضوع شعر عارضهٔ مضمونی و معنوی کلام است ولی موضوع بعضی از نظم ها عارضه ظاهری کلام است و مبیّن روح لطیف و احساس ظریف شاعر نمی باشد مانند نصاب الصبیان فراهی.

بیت

بیت در لغت به معنی خانه واطاق و خیمه است، اما در اصطلاح واحد هر شعر را یک «بیت» می نامند که شامل دو مصراع مساوی می‌باشد. چون در قدیم اطاقهای خانه دارای دو لنگه در «مصراع» بوده، لذا به همین جهت هر بیت شعر هم دارای دو مصراع است که از لحاظ وزن و تعداد هجاها با هم مساوی می‌باشند و بدین نام موسوم شده است. لازم به ذکر است که «شعر منثور» هم احساس و روح بخش بوده اما فاقد دو مصراع مساوی می‌باشد مانند بعضی عبارات مسجوع گلستان سعدی و نظایر آن.

قافیه، روی، ردیف

قافیه مؤنث قافی«اسم فاعل» از مَصدر «قَفْو» به معنی "از پی رونده"، "پیرو" است که در اصطلاح علم عروض به آخرین کلمهٔ اصلی پایان مصراع دوم هر بیت و در بعضی از انواع شعر، در پایان هر دو مصراع بیت می‌آید مشروط بر اینکه در ابیات دیگر تکرار نشود. یادآوری می‌گردد که آخرین حرف اصلی کلمهٔ قافیه که «رَوّی» نامیده می‌شود، الزاماً باید در قافیه های بعدی همان شعر عیناً تکرار شود؛ مثلاً در غزل زیر از حافظ:

صبا ز منزل جانان گذر دریغ مدار

وزو به عاشق بیدل خبر دریغ مدار

به شکر آنکه شکفتی به کام بخت ای گل

نسیم وصل ز مرغ سَحَردریغ مدار

کلمات « گذر- خبر- سَحَر و... الخ» قافیه هستند و حرف «ر» که در همهٔ قوافی این غزل تکرار شده اصطلاحاً «رَوّی» نامیده میشود[1]. همچنین کلمات مکررّ «دریغ مدار» در همهٔ ابیات این غزل را «رَدیف» می‌نامند.

لازم به ذکر است که محور اصلی قافیه حرف «رَوّی» بوده و آغاز شکل گرفتن قافیه از اولین حرف متحرک قبل از « رَوّی» می‌باشد. حال اگر چنانچه حروف یا کلماتی پس از «رَوّی» آورده شود، آغاز قافیه از حرکت اولّین حرف متحرک قبل از آن و تا پایان حروف یا کلمات افزوده بر رَوّی می‌باشد. به عنوان مثال در غزل مذکور از حافظ حرف «ر» رَوّی بوده و چون قبل از آن حروف "ذ- ب- ح......" متحرک می‌باشند لذا قافیه از حرکت «فتحه» حروف مزبور تا پایان «دریغ مدار» را که ردیف است، شامل می‌گردد.

تبصره: اگر در شعری پس از «رَوّی» حرفی یا کلمه ای به آن افزوده نشده باشد، قافیه آن شعر از حرکت اولین متحرک قبل از «رَوّی»شروع شده و به «رَوّی» ختم می‌گردد، مانند این مطلع از غزل حافظ:

الا ای طوطی گویای اسرار　　　مبادا خالیت شکّر زمنقار

چون کلمات «اسرار و منقار» آخرین کلمهٔ اصلی دو مصراع مطلع مزبور بوده، حرف «ر» رَوّی است. اما قبل از آن «الف» قرار گرفته و الف همیشه ساکن

---

[1] کلمه «رَوّی» مأخود از «رِواء» به معنی ریسمان و طنابی که همهٔبار شتر را بوسیلهٔ آن محکم می بندند و نیز ریسمان اصلی خیمه را به عربی رِواء می گویند. در این مورد پس از این در زمینهٔ «حروف نه گانهٔ قافیه» مفصلاً بحث خواهیم کرد.

می‌باشد. بنابراین حرف ما قبل الف مفتوح بوده و قافیه از این فتحه به بعد محسوب است.

حروف قافیه

به طوری که گفته شد محور قافیه در هر شعر حرف «رَوّی» می‌باشد، اما حروف دیگری قبل یا بعد از «رَوّی» به آن ملحق می‌گردند که هر یک را نام و تعریفی است که ذیلاً ذکر می‌شوند:

۱- رِدْف

۲- قَیْد

۳- تأسیس

٤- دَخیل

٥- وَصْل

٦- خُروج

۷- مَزْید

۸- نایر یا «نایره»[1]

تذکّر: اگر هر یک از این حروف هشتگانه در قافیهٔ بیتی از یک شعر خاصّ آورده شود، باید الزاماً مانند حرف «رَوّی» در تمام قوافی همان شعر بیاید مگر

---

[1] شاعر خوش ذوقی حروف نه گانهٔ قافیه (رَوّی و هشت حرف الحاقی به آن) را در یک بیت شعر به شرح زیر گنجانیده است :

رَوّی و رِدْف، دگر قَید و بعد از آن تأسیس   دَخیل و وَصْل و خروج و مَزید با نایر

حرف «دَخیل» که به نظر شمس قیس رازی در «اَلمُعْجَم» از این اِلزام مُسْتَثنی می‌باشد.

همچنین چون وجود قافیه در ابیات هر شعر الزامی است فلذا به اقتضای آن آوردن حرف «رَوّی» در پایان کلمهٔ اصلی قافیه نیز اجتناب ناپذیر می‌باشد. امّا آوردن همه هشت حرف الحاقی به «رَوّی» - چه قبل و چه بعد از آن - در هر بیت همان شعر الزام ندارد ولی امکان ورود بعضی از حروف هشتگانه مذکور در یک بیت شعر بعید به نظر نمی‌رسد.

اینک باید دانست که کدامیک از حروف الحاقی به «رَوّی» قبل از آن و یا بعد از آن به قافیه وارد می‌گردند. لذا بدین منظور از کتاب ارزشمند «کشف الظنون» اثر محروم "حاج خلیفه" محقّق و نویسنده ترک تبار قرن یازدهم هجری قمری بهره می‌جوییم. محقّق مذکور حروف قافیه را با ذکر ترتیب موقعیت قرار گرفتن هر حرف نسبت به محور قافیه «رَوّی» در دو بیت شعر به شرح زیر گنجانیده است:

قافیه در اصل یک حرف است و هشت آن را تَبَع
چار پیش و چار پس، این مرکز آنها دایره
حرف تأسیس و دَخیل و قید و ردف آنگه «رَوّی»
بعد از آن وَصل و خُروج است و مَزید و نایره[1]

---

[1] منظور شاعر این است که اصل ساختمان قافیهٔ شعر بر پایهٔ حرف « رَوّی» بِنا شده و هشت حرف الحاقی دیگر تابع «رَوّی» می باشند و نیز ترتیب قرار گرفتن آنها بدین صورت است که چهار حرف « تأسیس- دخیل – قید – ردف » قبل از « رَوّی» آمده چهار حرف « وصل – خروج – مزید – نایره » بعد از آن می آیند.

اکنون باید به تعریف و شرح هر یک از حروف قافیه بپردازیم:

۱- **رَوِّی:** پایه و محور قافیه است که پیرامون آن قبلاً به تفصیل بحث نموده‌ایم.

۲- **رِدْف:** ردف در لغت به معنی "پیروی" و "تبعّیت از نفر قبل از خود نمودن" و یا "پشت سر کسی بر مرکب سوار شدن" و نظایر آن است اما در اصطلاح به آمدن یکی از حروف مَدّ یعنی « و – ا – ی» ساکن که قبل آنها به ترتیب مضموم، مفتوح و یا مکسور بوده باشد، می‌گویند. مانند: خَدُوم، رَباب و اَسیر.

یادآوری: آوردن ردف را در قوافی "اِرْداف" می‌گویند و قافیهٔ دارای آنرا "مُرْدَف" خوانند. لازم به ذکر است که "رِدْف" بر دو نوع است: اصلی و زائد (مُرَکّب).

الف: ردف اصلی آنست که فقط یکی از حروف مَدّ (و، ا، ی) قبل از رَوّی بیاید مانند صَبور، حُسام و اَمیر.

ب- رِدْف زائد (مُرَکّب): آن است که مابین حرف مّد و رَویّ حرف ساکن دیگری بیاید. مانند: سُوخت، کاشت و ریْخْت.

تبصره: حروفی که برای ردف (زائد یا مُرَکَّب) به کار می روند شش حرف: "ش، ر، ف، س، خ، ن" بوده که از ترکیب آنها عبارت "شرف سخن" پدید می‌آید و شاعر با ذوقی آنرا در یک بیت به شرح زیر گنجانیده است:

حرف زائد شش بود ای ذوقنون: فاء و خاء و سین و شین و راء و نون

تکرار رِدْف همانند رَوِّی در همهٔ ابیات همان شعر الزامی است مانند این غزل حافظ شیراز:

دیگر ز شاخ سروِ سهی بلبل صبور

گلبانگ زد که چشم بد از روی گل به دور

می خور ببانگ چنگ و مخور غصّه ور کسی

گوید ترا که باده مخور، گو: هُوَالْغفور « اِلخ»

۳- **قید:** برای قید در کُتُب لغات، معانی فراوان آورده اند که مشهورترین آن عبارت است از: دام، تله، بند، حَبْس، غُل و زنجیر....

امّا در اصطلاح علم عروض و قافیه، قید حرف ساکنی است غیر از حروف مَدّ (و، ه، ی) که بدون فاصله به رَوِّی متصّل شود مانند حرف «ن» در ابیات زیر:

بعد از این دست من و دامن آن سرو بلنْد

که به بالای چَمان از بُن و بیخم برکنْد

با زمستان دل از آن گیسوی مشکین حافظ

زانکه دیوانه همان به که ببود اندر بنْد

باید توجّه داشت که اگر قبل از «حرف قید» یکی از حروف مَدّ (و، ه، ی) بیاید، حرف ساکن فوق دیگر "قید" نیست بلکه "ردف مرکّب" است که قبلاً بحث شده است مشروط بر اینکه یکی از شش حرف "شرف سخن" باشد.

تبصره: بنا به روایت کتب مَرْجَع اَدبی، حروف قید زیاد است امّا آنچه که در زبان فارسی مشهور است ده حرف زیر قید واقع می شوند که از ترکیب آنها عبارت "*سه شب فرّخ نغز*" پیدا شود.

تذکر: قافیه در موقعیّتهای مختلف به نامهای گوناگون نامیده می‌شود که در یک مورد "قافیه مُقید" گفته میشود که عده‌ای از اساتید در صورت اِتصّال حرف قید به روّی، آنرا قافیه مقّید گفته و سایرین نیز به نوعی دیگر مشروط می‌سازند. مثلاً هرگاه قبل از روّی حرف قید نیامده باشد که در آن صورت قافیه را "مطلق" می‌نامند. هرگاه «روّی» موصول باشد باز آنرا "روّی مطلق" و قافیه مربوط را نیز "قافیه مطلقه" می گویند.

٤- دَخیل: دخیل در لغت به معنی دخالت کننده و داخل شونده و مداخله کننده در کار دیگران آمده است. امّا در اصطلاح علم عروض به حرف متحرکّی گفته می‌شود که بین «روّی» و "الف تأسیس" وارد شود مانند «حِ» در کلمۀ «ساحِل». تذکرۀ «مِرآتُ الْخیال» یادآوری میکند چون حرف "دَخیل" بین دو حرف "واجِبُ الْأتْیان وَالتَکّراد" داخل می‌شود بدین اسم موسوم گردیده است[1].

[1] منظور دو حرف «الف تأسیس + روّی» می باشد.

۵- **تأسیس:** در لغت به معنی پایه گذاردن، بنا نمودن و اساس و پایه کاری را ریختن است، امّا در قافیه "الف تأسیس" الفی است که بین آن و روّی، حرف متحرکی به نام "دَخیل" وارد میشود مانند کلمهٔ «شاهد» که «الف» آن تأسیس و «ه» دخیل و «د» روّی می‌باشد. لازم به یادآوری است که حرف «تأسیس» اساس قافیه را بنا می‌کند و از این رو "شمس قیس رازی" در کتاب «اَلْمُعْجَم فی مَعاییرِ اَشْعارِ اْلعَجم» می گوید: "*امّا حرف تأسیس الفی است که به حَرفی متحرّک پیش از «روّی» آمده باشد، مانند «الف» در کلمهٔ «مُجاهِد» و آن را از این جهت تأسیس خوانند که در تنسیق شعر آغاز و اساس قافیت از این حرف است و هر حرف که پیش از این باشد در عِداد قافیت نیاید و به قافیه تعلّق ندارد و بیشتر شعرای عَجَم تأسیس را اعتبار نمی نهند و آنرا لازم نمی‌دارند*".

تَذکّر: بعضی از شعرا آوردن الف تأسیس را رعایت کنند که بدین سبب آنرا اصطلاحاً «لزوم ما لا یَلْزَم» خوانند.

اینک که حرف «روّی» یعنی محور قافیه و چهار حرف قبل از آن را بیان داشته ایم بدین وسیله چهار حرف پس از «روّی» را ذکر خواهیم نمود:

٦- **وَصل:** در لغت به معنی رسیدن، دیدار، ملاقات معشوق و... می‌باشد. ولی در اصطلاح علم عروض و قافیه، وصل حرفی است که بلا فاصله بعد از روّی می‌آید. مانند بیت زیر:

خوشا شیراز و وضع بی مثالش　　　خداوندا نگهدار از زوالش

که حرف «ل» روّی بوده و حرف «ش» وصل می‌باشد و «الف» حرف «مَد» بوده و «رِدْف» می‌باشد.

۷- **خروج**: خروج در لغت به معنی بیرون رفتن در مقابل دُخول و وُلوج است ولی در اصطلاح علم عروض و قافیه حرفی است که بعد از حرف وصل می‌آید، مانند:

فریدون گفت نقّاشان چین را	که پیرامون خرگاهش بدوزند
بدان را نیک دار ای مرد هشیار	که نیکان خود بزرگ و نیکروزند

گلستان سعدی

که حرف «ز» روّی، حرف «ن» وصل و حرف «د» خروج می‌باشد.

یادآوری: علت نامگذاری این حرف به «خروج» این است که در اشعار عرب بعد از«روّی» حداکثر دو حرف به آن افزوده می‌شود نه بیشتر، به بیان ساده‌تر یعنی با آمدن حرف خروج، قافیه در شعر عرب از شمول حروف اضافی خارج شده است (منقول از اَلْمُعْجَم).

۸- **مَزید**: در فرهنگ لغات به معنی افزون، زیاد کردن، فزونی... و در اصطلاح قافیهٔ اشعار فارسی حرفی است که در مرتبهٔ سوم بعد از روّی می‌آید و علّت نامگذاری آن به حرف مزید آن است که اَقْصی غایت حروف قافیت (دورترین حرف قافیه) در اشعار عربی حرف «خروج» است و اگر در قوافی عَجَم حرفی بر آن زیادت شود آنرا مزید خوانند (منقول از اَلْمُعْجَم).

مثال برای خروج:

نگار من چو درآید به خنده نمکین   نمک زیاده کند بر جراحت ریشان
چه بودی از سرزلفش به دستم افتادی   چو آستین کریمان به دست درویشان

«سعدی»

در کلمهٔ قافیه، حرف «ش» روّی و حروف «ا – ن» به ترتیب «وصل – خروج » است.

مثال برای مزید:

اگر مانند رخسارت گلی در بوستانستی
زمین را از کمالیّت شرف بر آسمانستی
چو سرو بوستانستی وجود مجلس آرایت
اگر در بوستان سروی سخنگوی و روانستی

«سعدی»

در این شعر «ن» روّی و بقیه «وصل – خروج - مزید» می‌باشند.

۹- **نایره:** در لغت به معنی دور شونده، گریزان از گناه و نظایر آن است. اساتید ادبیات عرب را عقیده بر این است که نایر یا نایره از کلمه نِوار یا نَاوْر، به معنی دوری جُستن و گریختن است. به عنوان مثال می‌گویند: هذه اِمْرَأةٌ نِوار یعنی این زن از گناه گریزان است. امّا در اصطلاح عروض و قافیه آخرین حرف بعد از «روّی» است که در مرحلهٔ چهارم بعد از آن می‌آید و قافیه را مطلق به وصل و خروج و مزید و نایره می‌کند. همچنین اگر بعد از حرف

چهارم «نایره» حرف یا حروف دیگری هم بیاید به آن نیز نایره می‌گویند مانند شعر زیر:

تو گسستی عهد دلها ما به هم بستیمشان
با هم اندر رشتهٔ زلف تو پیوستیمشان

در این بیت حرف «سین» قید و حرف «ت» روی و حروف «ی-م-ش-ا-ن» به ترتیب وصل، خروج، مزید، نایره و نایره می‌باشند.

چند نکته مهم:

۱- هرگاه کلمات «است، ایم، اید و اند» بعد از قافیه به صورت مجزّا «جدا» نوشته شوند، ردیف محسوب می‌گردند ولی اگر بدون «الف = اَ» به کلمه ما قبل خود متصّل گردند، وصل، خروج، مزید.... به حساب می آیند.

۲- التزام حروف بعد از «روّی» یعنی «وصل، خروج، مزید، نایر» در هر قافیه عیناً واجب است.

۳- حروف «ه غیر ملفوظ، ی اشباع کسره» مانند «کی، چی» و همچنین «و» آخر کلمات تو و دو را نشاید روّی ساخت (نقل از اَلْمُعْجَم).

٤- بعضی از شعرای بزرگ تکرار حرف دخیل را به جنس خود در همهٔ ابیات یک شعر الزامی ندانسته و حتّی آوردن «حرف تأسیس» را هم واجب نمی‌شمردند؛ ولی در مقابل عدّه دیگری چون معتقدند که حرف تأسیس در تنسیق قافیه مؤثر می‌باشد، آوردن آن را الزامی تلقّی می کنند.

ذیلاً نمونه‌ای از یک غزل مولوی که فاقد الزام دقیق حروف دخیل و تأسیس می‌باشد ذکر می‌گردد:

جان به فدای عاشقان خوش هوسی است عاشقی
عشق پرست ای پسر باد هواست مابقی
از می عشق سر خوشم آتش عشق مفرشم
پای بنه در آتشم چند از این منافقی
از سوی چرخ تا زمین سلسله ای است آتشین
سلسله را بگیر اگر در رهِ خود مُحقّقی
راه تو چون فنا بود خصم ترا کجا بود
طاقت تو که را بود که آتش پیر مطلقی
یک نفسی خموش کن در خَمشی خروش کن
وقت سخن تو خامُشی در خَمشی تو ناطقی .... الخ.

با کمی دقّت در کلمات عاشقی، منافقی، مُحقّقی، مطلقی و ناطقی و سایر ابیات مشاهده میشود که حروف دخیل و تأسیس چگونه متنوّع شده اند.

تبصره: هر قافیه که دارای «الف تأسیس» باشد آن را «قافیهٔ مُؤسَسَّه» گویند، و نیز در هر شعری که «الف تأسیس» در همهٔ ابیات آن مراعات شده باشد، آرایه و صنعت «لُزوم مالایَلْزَم» نیز به کار رفته است.

۵- در قافیه های موصوله «مطلقه» حرکت حرف «دخیل» می تواند مختلف باشد، مانند این شعر مولوی:

در تو نهان چهار جو هیچ نبینیش که کو

همچو صفات و ذات هو هست نهان و ظاهِری

جنگ میان بندگان کینه میان زندگان

او فکند به هر زمان اینت ظریف یاوَری

بر سر من نبشت حق در دل من چه کشت حق

صبر مرا بکشت حق صبر نماند و صابری

جوشش شوق از کجا جنبش ذوق از کجا

لذّت عمر در کمین رحم به زیر چادری

٦- التزام «حرف قید» به جنس خود واجب بوده مگر در پاره ای از موارد از قبیل تنگنای قافیه و یا قریب المخرج بودن حروف نظیر دو حرف «ه – ح» که می توانند قید واقع شوند. بنابراین در ابیات زیر مُداقّه گردد:

از منوچهری دامغانی:

نوروز دد آمد ای منوچهری	با لاله سرخ و با گل خمری
مرغان زبان گرفته را یکسر	بگشا و زبان سوری و غبری

در ابیات فوق بنا به ضرورت (وجود حرف «ی») چون نیاز به حرکت حرف ما قبل دارد فلذا از قید ساختن حرف متحرک «رِ» صرف نظر شده و حروف «ه – م- ب» در کلمات منوچهری، خمری و عبری، قید واقع شده تا از قافیه رفع تنگنا گردد؛ امّا در این بیت فردوسی:

چه گفت آن خداوند تنزیل و وحی	خداوند امر و خداوند نهی

به علت قریب المخرج بودن « ه – ح » خصوصاً در زبان فارسی، هر دو حرف قید واقع شدند.

حرکات حروف قافیه

حروف نه گانه قافیه از لحاظ متحرّک یا ساکن بودن به سه دسته تقسیم می‌گردند:

الف- حروف ساکن مانند: تأسیس، رِدْف و قید

ب- حرف همواره متحرّک مانند: دَخیل

ج- حروفی که گاه ساکن و گاه متحرّکند مانند: روِّی، وصل، خروج، مزید و نایره.

با کمی دقّت میتوان گفت که ضمن بررسی حرکت حروف مذکور یا به حرف متحرّک بر میخوریم یا حرف ساکن. اگر حرف مربوطه متحرّک باشد، حرکت همان حرف را مشخص میسازیم امّا اگر حرفی ساکن شد بناچار حرکت حرف ما قبل آنرا بررسی می نماییم.

به طور کلّی حروف قافیه دارای شش نوع حرکت به اسامی زیر می‌باشند:

۱- رَسّ ۲- اِشباع ۳- حَذْو ٤- تَوجْیه ٥- مَجْری ٦- نَفاذ.

۱- **رَسّ:** در لغت به معنی آغاز چیزی بطور پوشیده مانند تَب اوایل بیماری و نظایر آن را گویند؛ امّا در اصطلاح عروض و قافیه حرکت ما قبل «الف تأسیس» را گویند که به ناچار باید فتحه باشد. فلذا چون الف تأسیس بنیان قافیه در شعر است، بنابر این «فتحه رسّ» هم به طور پوشیده همراه آن است.

۲- **اِشباع:** در لغت به معنی سیر کردن شکم و یا پر کردن جایی و چیزی است. امّا در اصطلاح حرکت حرف «دخیل» را که بین «الف تأسیس و

روِیّ» وارد می‌شود، می گویند، مانند کسره «لِ» در کلمهٔ «عالِم» و فتحهٔ «وَ» در کلمه «یاوَر» و نظایر آن.

۳- **حذو**: در لغت به معنی برابر کردن چیزی است با چیز دیگر مثل برابری نعلین و کفش با پای اشخاص. دراصطلاح علم عروض حرکت ماقبل «رِدْف» را حَذو می‌نامند. به عنوان مثال در «رِدْفهای»: « و – ه – ی» حرکت ما قبل باید « ضّمه، فتحه و کسره» نباشد که هر سه حَذْو» نامیده می شوند و در حرف «قید» که همیشه ساکن است حرکت ما قبل آنرا نیز «حَذْو» گویند مثلاً در کلمهٔ قافیهٔ «مِهر» کسره میم ماقبل « هْ» را حَذْو می‌نامند.

٤- **توجیه**: در لغت به معنی روی کسی را به سویی متوجّه ساختن و یا مطلب غامضی را روشن کردن و طرف مقابل را قانع ساختن است. امّا در اصطلاح ادبی به حرکت حرف متحرّک قبل از «روّی ساکن» گفته می‌شود. در کلمهٔ «مَخْفر» که حرف «ر»، «روّی» و حرف متحرک قبل از آن «خَ» است، حرکت «خَ» را توجیه گویند.

۵- **مَجری**: در لغت به معنی جریان آب یا هر چیز دیگر مثل مجرای بَوْل و.... می‌باشد، امّا در اصطلاح علم عروض و قافیه به حرکت «روّی متحرک» گویند. علت نامگذاری این حرکت به «مَجْری» آنست که صَوْتِ «روّی» را به سوی حرف بعدی «وَصْل» به جریان می اندازد.

مثال:

من ای زاهد از آن ورزم طریق می‌پرستی را

که سوزد آتش مستی خَس و خاشاک هَستی را

چون «تِ» در کلمات «هستی و پرستی» روّی متحرک بوده و کسره «تِ» صَوت را به سمت «ی = وصل» هدایت نموده و به جَرَیان می‌اندازد، بدین نام نامیده شده است.

۶- **نَفاذ**: در لغت به معنی نفوذ کردن و داخل شدن در چیزی و گذشتن تیر از کمان و رسیدن به هدف و امثال آن را گویند امّا در اصطلاح قافیه به حرکت «حرف وَصل» به «خروج» و از «خروج» به «مزید» و.... را نَفاذ گویند.

سَرقات شعر[1]

سِرقت اشعار دیگران بر چهار نوع به شرح زیر است:

الف – اِنْتِحال

ب- سَلْخ

ج – اِلْمام

د- نَقْل

۱- **اِنْتِحال:** به معنی سرقت ادبی، بدین صورت که شعر کسی را بدون هیچگونه تغییر مؤثّری به خود نسبت دادن و حتّی بیتی هم به آن نیفزوده باشد. این عمل بدترین نوع سرقت ادبی می‌باشد. مانند این شعر معّزی:

گر چه به جفا دست بر آوردستی   بردارم دست تا فرود آری دست

و رافعی از او سرقت کرده و گفته است:

زین پس به خدا ای صنم عشوه پرست   بردارم دست تا فرود آری دست

و نیز معزّی گفته:

تواتر حرکاتش به دیدهٔ دشمن   همان کند که زُمُرُد به دیدهٔ اَفعی

---

[1] سَرقات جمع سِرْقَت یعنی دزدی اشعار دیگران

و ادیب صابر از او دزدیده و گفته است:

به صبر من صنما آن لب چو بُسَّد تو[1] همان کند که زُمُرُد به دیدهٔ اَفعی

و یا اینکه بُلْفرج رونی[2] گفته:

گفته با زائران، صریر درش مرحبا مرحبا در آی درآی

و انوری از او برده و گفته است:

گفته با جملهٔ زوّار صریر در تو

مرحبا بر نگذرد خواجه فرود آی و درآی

۲- **سَلْخ:** در لغت به معنی پوست کندن، کشتن و از پوست در آوردن گاو و گوسفند، پایان ماه قمری و.... که مَسْلَخ نیز به همین معنی اشاره دارد. امّا در اصطلاح عروضی نوعی سرقت ادبی است که شاعر شعر دیگری را گرفته و به جای الفاظ و معانی کلمات شاعر قبلی، الفاظی دیگر را به کار گیرد و همان منظور حاصل آید. مثلاً رودکی گفته:

هرکه نامُخت از گذشت روزگار نیز ناموزد ز هیچ آموزگار

۱- [1] بُسَّد: جسمی است قرمز رنگ که اجماع لغویّون آنرا «مَرْجان» و عدّه ای هم آنرا «حَجَر شَجَری» معرفی نموده اند و معتقدند که ریشهٔ این گیاه «مرجان » است و شاخه هایش را «بُسَّد یا بَسَد » می‌نامند.

[2] بلفرج رونی : مخفّف اَبوالفرج بن مسعود رونی شاعر مشهور اهل رونهٔ نیشابور است که اَنوری شاعر نامی قرن ششم از اسلوب اشعار او تتبّع کرده است.

و ابو شکور از او گرفته و بدین صورت «سَلْخ» کرده:

مگر پیش بنشاندت روزگار　　　که به زو نیابی تو آموزگار

و باز رودکی گفته:

ریش و سبیلت همی خضاب کنی　　　خویشتن را همی عذاب کنی

و ابو طاهر خسروانی متوفی به سال ۳٤۲ هجری آنرا «سَلْخ» نموده و گفته:

عجب آید مرا ز مردم پیر　　　که همی ریش را خضاب کند
به خضاب از اَجَل همی نرهد　　　خویشتن را همی عذاب کند

۳- **اِلْمام:** در لغت به معنی قصدکردن و نزدیک شدن به چیزی است؛ امّا در اصطلاح عروضی نوعی از سرقات شعری است که اگر شاعری مفهومی را در معنای خاصّی بکار برده و شاعر بعدی آن مفهوم را در معنای دیگر تغییر داده و در شعر خود به کار بندد که گاه شعر شاعر دوم بهتر و دلنشین تر از شعر اولی است لکن به هر حال این روش را نوعی از سرقات دانسته اند نظیر این شعر اَزْرَقی:

صدف ز بیم یلان دُرّ شود به کام نهنگ　　　ز خون به رنگ یواقیت رنگ کرده لِآل

ولی انوری این مفهوم را از او برده و نیکوتر گفته است مانند:

قهر تو گر طلایه به دریا کشد شود　　　دُرّ در صمیم[1] حلق صدف دانهٔ انار

---

۱ صمیم: مغز ودرون هرچیزی

۴- **نَقْل:** نَقْل در لغت به معنی جابجا کردن اشیاء و اجسام و نیز بیان مطلبی از کسی یا جایی به دیگران است. امّا در اصطلاح عروضی نوعی از سرقات ادبی است که شاعر مفهوم و معنی را از او گرفته و به باب دیگری برده و مفهوم و معنی نیکوتر و دلنشین تری ابراز می دارد؛ در نتیجه هرگاه شعر شاعر اوّل از شعر شاعر بعدی شیواتر و زیباتر باشد، شاعر اوّل مالک آن مفهوم و معنی شناخته شده و به استثناء اصل «لِلْأَوَّلِ فَضْلُ السَّبَقِ» حق اولویّت با او است وگرنه هرگاه شاعر بعدی ضمن برخورداری از مفهوم و معنی شاعر قبلی، شعر زیباتر و دلنشین تر بیاورد، ملکیّت شعر و معنی نیکو با این شاعر بوده و اوّلی فقط «حقّ سَبَق» دارد. در توضیح این بیان به این شعر رودکی توّجه گردد:

با صد هزار مردم تنهایی   بی صد هزار مردم تنهایی

یعنی با وجود صد هزار مردم، تو درمیان آنان به هنر و دانشی که داری یگانه و تنها و بی نظیری، و نیز بی صد هزار مردم تو بسیاری و گویی به جای صد هزار مردمی، اگر چه معنی شعر نیکوست ولی عبارت آن رکیک و ناپسند است. در مقابل آن عنصری چه زیبا سروده:

اگر چه تنها باشد، همهٔ جهان با اوست   وگر چه با او باشد همهٔ جهان، تنهاست.

هر چند عنصری در این شعر جانمایهٔ شعر خود را از شعر رودکی گرفته امّا نیکوتر و گواراتر از او سروده که این معنی مِلک عنصری است و سر انجام باید گفت: هرگاه شاعری پس از «نَقْل» شعر شاعر دیگر، چیز نیکویی بر معنی آن بیفزاید، حق مالکیّت آن مفهوم را به دست آورده ولی اگر نیفزاید «دزد معنی» می‌باشد.

عیوب قافیه

حال که در حدّ متعارف و به قدر ضرورت پیرامون شناخت قافیه و حروف و حرکات آن بحث شد، لازم به نظر می رسد که قوافی معیوب هم شناخته شود. لهذا عیوب قافیه را نیز ذیلاً یادآور می‌گردیم:

۱- اِقواء: اقواء در لغت به معنی خالی شدن منزل، پایان یافتن نیرو، نیازمند گردیدن و.... است امّا در قافیه اختلاف «حَذْو، تَوْجیه» را گویند بدین صورت که اگر حرکت حَذْو و تَوْجیه در یک بیت با همدیگر و یا با سایر ابیات همان شعر متفاوت باشد، به آن عیب «اقواء» گفته میشود مانند:

هر وزیر مُفتی و شاعر که او طوسی بود

چون نظام الملک و غزاّلی و فردوسی بود

در دو مصراع بیت فوق کلمهٔ «بُود» ردیف و «ی» وَصْل و «س» رَوّی می بیاشد امّا در مصراع اول قبل از «س = رَوّی» حرف «وُ» رِدْف و حرکت ضمّهٔ ماقبل آنرا « حَذْو» می گوییم و حال آنکه در مصراع بعدی «واو ساکن ما قبل مفتوح» قید می‌باشد، لذا رِدْف ما قبل مضموم را با قید ماقبل مفتوح در یک بیت نمی توان قافیه کرد و چنین قافیه ای را معیوب خوانند و نیز در بیت:

از غصّهٔ هجران تو دل پُر دارم　　　پیوسته از آن دیده به خون تَر دارم

که در دو مصراع کلمهٔ «دارم» ردیف بوده وحرف «ژ» در کلمات پُر و تَر «رَوّی» می‌باشد که طبق تعریف حرکت توجیه در مصراع اوّل «ضّمه» و در مصراع بعدی «فتحه» می‌باشد که این نیز عیب قافیه است و اقواء نام دارد.

۲-**اِکْفاء:** در لغت به معنی خم کردن، انحراف از مقصود و.... است. ولی در قافیه آوردن دو حرف قریبُ اَلمَخرَج نظیر «ب، پ» یا «ه، ح» و یا «ک، گ» را در «رَوّی» گویند مانند:

گفتی که با مخالف تو زین سپس مرا

نبود به هیچ جایی بی امر تو حدیث

رفتی و پر ز گفتی با دشمنان من

وان کس که گوشدار تو بود آن همه شنیذ

شاعر در این شعر «ث» را با «ذ» قافیه کرده که از عیوب است.

۳-**سِناد:** در لغت یعنی مغایرت و اختلاف داشتن ولی در قافیهٔ اشعار فارسی اختلاف «رِدْف» را گویند مانند:

کنی ناخوش به ما بر زندگانی   اگر ازما دمی دوری گزینی

با کمی دقّت می‌بینیم که «ی» در آخر دو مصراع اصل کلمه نبوده بلکه حرف وصل است، در نتیجه «ن» در دو مصراع «رَوّی» بوده و «ا» در مصراع اوّل و «ی» در مصراع دوم «رِدْف» میباشد و اختلاف آن دو را عیب و سِناد گویند.

٤-ایطاء: در لغت به معنی چیزی را به کسی سپردن و یا پایمال کردن چیزی که مأخوذ از ریشهٔ «وطء» است. امّا در شعر آن است که یک قافیه دو بار یا بیشتر در یک شعر آورده شود که آنرا «شایگان» نیز می‌نامند و بر دو نوع است: ایطاء خفّی و ایطاء جلّی.

الف- ایطاء خفّی آنست که تکرار قافیه در یک شعر به جهت استعمال زیاد کلمات مشابه نظیر «آب-گلاب، کامگار- سازگار، شاخسار-کوهسار» و خفی

تر از آنها مانند «رنجور- مزدور، دانا-گویا، مرزبان-پاسبان» خیلی آشکار و چشمگیر نباشد. از همه مهمتر اینکه بعضی از شعرا، حرف اصلی را با حروف زائد «تر در کلمات داناتر، سفید تر، عاقل تر و....» قافیه می‌کند و یا کلمات نظیر «مردمان = جمع مردم » را با کلمات اصل مثل زبان و نان قافیه می‌کنند که از عیوب قافیه می‌باشند.

ب-ایطاء جَلّی یا شایگان جَلّی آنست که علاوه بر ایطاء خفّی که موارد آن فوقاً مذکور افتاد، به تکرار قافیه به صورتی واضح تر و آشکارتر گفته می‌شود. نظیر این بیت ابو سیلک گرگانی:

در این زمان بتی نیست از تو نیکوتر   نه بر تو بر شَمَنی[1] از رَهیت[2] مشفق تر

به ابیات زیر ازدقیقی اگر دقّت شود ایطاء جلّی آشکار است:

چگونه بلایی که پیوند تو   نجویی بد است و بجویی بتر

شبی پیش کردم چگونه شبی   همی از شب داج[3] تاریک تر

در اشعار زیر نمونه های فاحشی از ایطاء شایگان یعنی قافیه کردن حروف زائد با حروف اصلی کلمه (نظیر تضمین با زرّین) دیده می‌شود:

نیست کس در فارسی تا بشناسد از گوهر شَبه

یا نماید فرق زرَناب را از جسم زرّین

---

[1] شَمَن = راهب ، بت پرست

[2] رَهی = غلام، فدایی «رَهیت = فدایی تو»

۳ داج = ظلمانی و تاریک

دردها دارم ردیف از بس به دل همچون قوافی

چند ایطاء جَلّی در این قوافی گشته تضمین

که «ین» در کلمهٔ «تضمین» اصل بوده و در کلمهٔ «زرّین» و نظایر آن علامت «نسبت» و زائد می‌باشد. سعدی نیز در غزل زیر:

دیدار تو حّل مشکلات است　　صبر تو خلاف ممکنات است

دیباچهٔ صورت بدیعت　　عنوان کمال حسن ذات است

لب های تو خِضْر اگر بدیدی　　گفتی لب چشمهٔ حیات است

ترسم تو به سِحْر غمزه یک روز　　دعوی بکنی که معجزات است

زهر از قِبَل تو نوشدارو　　فحش از دهن تو طیبّات است

ممکنات، مُعجزات، طیبّات، را با ذات و حیات قافیه کرده که شایگان جلّی است.

فصل دوم

علم عروض

تعریف عروض

عروض علمی است که پیرامون اوزان اشعار فارسی یا عربی بحث می‌کند. باید دانست که در اشعار فارسی یا تازی وزنهای مختلفه به کار برده نمی‌شود بلکه همهٔ ابیات هر شعر به یک وزن می‌باشد. البتّه تصنیف ها و سرود و شعر نو از این قاعده مستثنی می‌باشند.

با توجّه به مراتب بالا چون واحد هر شعر «بَیت» بوده و بیت هم از دو بخش «اَت» متساوی و هموزن و هماهنگ به نام مصراع تشکیل می‌گردد، لذا علم عروض در تشخیص و اندازه گیری دو مصراع هر بیت به منزلهٔ میزان «ترازو» عمل مینماید تا مشخصّ گردد که آیا هر مصراع با مصراع دیگر بیت هم وزن و هماهنگ می‌باشد؟ در واقع علم عروض در شناخت شعر مشابه علم نَحْو است در میزان کلمات و عبارات منثور. وجه تسمیهٔ عروض نیز بنابر اعتقاد مشهور آنست که چون شعر را بر آن عرضه می نمایند تا موزون از ناموزون شناخته گردد، لذا علم عروض «مَعْروضٌ عَلَیه» شعر می‌باشد.

مُصّوِت – صامِت

الفبای زبان فارسی بر خلاف زبانهای اروپایی دارای حروف مصّوت «با صدا» مانندA، O و I نبوده و به جای آنها از حرکات استفاده می کنند.

تعداد حرکات: در زبان فارسی ازشش حرکت مصّوت استفاده می‌شود. سه حرکت آن را کوتاه می نامند به شرح ـَـ ـِـ ـُـ که به حروف «مَدّ» معروفند و سه حرکت آن را بلند می نامند که عبارتند از: آ، ایـ (ای)، او.

بقیّه حروف الفبای فارسی را صامت «بیصدا» می‌گویند که به کمک شش مصوّت بلند و کوتاه به حرکت درمی آیند. مثلاً در کلمهٔ «سَرْ» که حرف «س» به کمک حرکت کوتاه ـَ متحرک گردیده ولی حرف «ر» کماکان صامت و ساکن مانده است. واک (یا واج) کوچکترین واحد آوایی زبان است و بدین ترتیب هر صامت و یا هر مصوتی یک واک است.

اَفاعیل عروضی

افاعیل جمع أفعال و جمع الجمع «فِعْل» به معنی کردار و کنش ها می‌باشد که در اصطلاح علم عروض به ارکان بُحور عَروضی موسومند. بعضی از اساتید سلف[1] اَفاعیل را گذشته از معانی لغوی فوق، اصطلاحاً به اجزاء بحور عروضی اطلاق کرده و «تفاعیل» نیز می گفتند که اصول اجزاء مزبور را، اصول افاعیل نامیده و قابل تقطیع می دانسته اند[2]. کوتاه سخن آنکه شعر نیز همانند نَثْر – که واحد آن جمله یا کلام بوده و آن هم مرکّب از کلمات و کلمه نیز از ترکیب حروف به وجود می‌آید – دارای واحدی به نام بیت به معنی خیمه و خانه و اطاق بوده که شامل دو لَخت «مصراع» و هر مصراع هم از چهار یا سه و بعضاً دو رکن تشکیل میشود. ابیاتی که هر مصراع آن چهار رکن داشته باشد «مُثمّن» و سه رکنی را «مُسَدَس» و دو رکنی را «مُرَبع» خوانند[3].

---

۱ ساف: گذشته

[2] منقول از «اَقْرَبُ الْمَوارد و کشاف اصطلاحات الفنون»

[3] با کمی دقّت متوجّه خواهیم شد که چون هر بیت دارای دو مصراع همسان می باشد لذا اگر هر مصراع چهار رکن و یا سه رکن و دو رکن داشته باشد ، بیت مربوط به ترتیب دو برابر یعنی «مثمن = هشت رکنی و ....» خواهد بود.

در هر بیت، رکن آغازین مصراع اول را «صدر» و رکن پایانی همان مصراع را «عروض» و نیز اولین رکن مصراع دوم «اِبتداء» و رکن آخر همین مصراع را «ضرب» یا «عَجُز» می‌نامند. همچنین در ابیات «مثمن» و «مُسَدّس» رکنهای بین «صدر – عروض» و «ابتداء – ضرب یا عَجُز» را «حَشْو» می‌گویند[1].

اَجْزاء اَفاعیل عَروضی

دانستیم که واحد هر نوع شعر «بیت» است که شامل دو مصراع «لنگه = لَت» می‌باشد. ساختمان هر مصراع نیز از واحدهای خاصّ عروض به نام «رکن» به وجود می‌آید. ارکان تشکیل دهندۀ مصاریع نیز دارای اجزائی کوچکتر می‌باشند که ذیلاً بیان خواهند شد.

هر رکن از ترکیب بعضی از اجزاء سه گانه «سبب، وَتَد و فاصله» به وجود می‌آید که هر یک بر دو قسم به ترتیب زیر منقسم می‌شوند:

الف) سبب خفیف، سبب ثقیل

ب) وتد مقرون یا مجموع، وتد مفروق

ج) فاصلۀ صغری، فاصلۀ کبری

واضح است که مراد از تشکیل دهندۀ ساختمان اصلی اَفاعیل عروضی و ارکان مربوطه، اجزاء ششگانه مزبور است به شرح ذیل:

---

[1] ابیات « مُرَبع» مطلقاً حَشْو ندارند. در مورد حشو به موقع مفصلاً بحث خواهد شد.

۱- **سَبَب خفیف**[1]**:** یک حرف متحرک است مانند «بِ، زِ» و همچنین یک حرف متحرک و یک ساکن را هم سبب خفیف می‌دانند مانند «خَمْ».

۲- **سَبَب ثقیل:** شامل فقط دو حرف متحرک مانند «رَمه، هَمه، لَبه»

۳- **وَتَد مَقْرون یا مجموع:** شامل دو حرف متحرک مجاور هم و یک حرف ساکن بعد از آن مانند: پَسَرْ، هُنَرْ، شِکَرْ....

۴- **وَتَد مَفْروق:** شامل دو حرف متحرک غیر مجاور که حرف ساکنی بین آنها واقع شود مانند: خانه، ناله...

۵- **فاصلهٔ صغری:** شامل سه حرف متحرک متوالی و یک حرف ساکن بعد از آنها مانند: پِسَرَم، هُنَرَش....

۶- **فاصلهٔ کبری:** شامل چهار حرف متحرک پی در پی و ساکن بعدی مانند: پِدَرِ مَنْ، قَلَم ما.

به طوری که قبلاً هم اشاره شد، اَفاعیل عروض از ترکیب اجزاء مزبور به وجود می آیند. چون این وجیزه به منظور آشنایی با قواعد اوّلیه علم عروض و قافیه تنظیم گردیده لذا وارد جزئیات اختصاصی نشده و نحوهٔ ترکیب اجزاء ششگانه

---

[1] علّت نامگذاری «سبب خفیف »آن است که این لفظ از سبب ثقیل راحت تر تلفّظ شده و به تارهای صوتی فشاری وارد نمی شود. ضمناًشمس الّدین محمد بن قیس رازی مؤلف کتاب «اَلْمُعْجَم فی معاییر اَشْعار اَلْعَجَم » معتقد به نوع سوم سَبَب به نام سبب متوسط شامل یک متحرک و دو ساکن بعدی نیز می باشد مانند : کار، شام، باج ......

فوق الذکر را با همدیگر بیان نمی‌کنیم تا سبب اطالهٔ کلام نگردیده و موجبات خستگی ذهنی علاقمندان به شعر و شاعری را فراهم نسازیم. روی این اصل مشتاقان این علم را جهت وقوف و آشنایی بیشتر به دقایق ظریف و تفصیلی عروض و قافیه، به مطالعهٔ کتب مفصّل در این زمینه – که خوشبختانه تعداد آن هم کم نیست – توصیه می نماییم. حال که نحوهٔ پیدایش اَفاعیل عروضی را دانستیم باید یادآور شد که تعداد اَفاعیل مزبور از دیدگاه اساتید فنّ – اَعّم از متقدّمین و متأخرین – بسیار زیاد بوده که معروفترین و اصلی‌ترین آنها عبارتند از: مفعولن – فاعلن – مُسْتَفْعِلُن – مُتَفاعِلن – مُفاعلتن – مَفاعیلن – مَفْعولاتُ – فَعولُن – فاعِلن – فاعلاتن[1]

بنابراین افاعیل ده گانه بالا ضمن ترکیب با یکدیگر، ارکان بحور را پایه گذاری نموده و موجب شکل گیری بحور عروضی می‌گردند.

تَقْطیع

تقطیع در لغت به معنی بریدن و قطعه قطعه نمودن است ولی در علم عروض منظور بخش کردن مصاریع شعر است به سیلابها و هجاهای کوتاه و بلند. لازم به ذکر است که عمل تقطیع در شعر را می توان به روش تعلیم دانش آموزان پایهٔ اوّل ابتدائی انجام داد. به این دانش آموزان گفته می‌شود که مثلاً کلمه « دارا » شامل دو بخش «دا» و «را» می‌باشد زیرا هنگام بخش کردن دو بار دستهای ما حرکت کردند، و یا کلمهٔ «بَرادَر» شامل سه بخش «بَ» و«را» و «دَرْ» است.

[1] اساتید قدیمی علم عروض «مُسْتَفْعِلُن و فاعلاتن» را به صورت : (مُس تَفْعِ لُن) و (فاعِ لا تُن) تجزیه می کردند.

بدیهی است که هر بخش از کلمات دارا و برادر که در اصطلاح عروضی یک «هجا = بخش= سیلاب» می‌باشند از لحاظ کشش در تلفّظ (کوتاه و بلند بودن) به یک اندازه نمی‌باشند. مثلاً بخش اول کلمه برادر «بَ» شامل یک صامت «ب» و یک مصوّت کوتاه « ِ » بوده ولی بخش دوم «را» شامل یک صامت «ر» و یک مصوّت بلند «ا» می‌باشد[1].

تبصره: در تقطیع مصوّر در برابر هجای کوتاه «دو واکی» علامت خاصّی مانند"لا" قرار داده و در مقابل هجاهای بلند «سه واکی» علامت دیگری نظیر "–" گذاشته میشود. با عنایت به مراتب فوق و رعایت پاره ای از ضوابط و قواعد تقطیع از قبیل نادیده گرفتن حروف قابل حذف و ضرورات و اختیارات شاعر و گاه افزوندن مصوّتی به صامت خاصّی، دقیقاً می توان اشعار فارسی را تقطیع و سپس «رکن بندی» نمود[2].

رکن بندی

ظریفترین و دقیقترین بخش علم عروض، تقطیع صحیح مصاریع و اجرای کامل ضوابط مربوطه است که از این طریق می توان آفاعیل عروضی را شناخت

---

[1] در مبحث تقطیع مقرّرات که مصّوت های بلند «آ .او .ای » هر کدام دو برابر یک مصوت کوتاه « َ ُ ِ » محاسبه شده تا در وزن و آهنگ شعر خدشه ای ایجاد نگردد. فلذا در نمایش هجاهای کوتاه مثلاً «بَ» دو واک (BA=) و در نمایش هجاهای با مصوّت بلند نظیر «را» سه واک (RAA=) منظور می گردد .

[2] در این زمینه علاوه بر رعایت ضوابط و قواعد تقطیع که فوقاً اشاره شد تمرین و ممارست زیاد بهترین راهگشا است.

و سپس با ترکیب آنها ارکان و در نتیجه بحور عروضی را کشف نمود. مثلاً در تقطیع این بیت حافظ:

سحر بلبل حکایت با صبا کرد   که عشق روی گل با ما چها کرد

بدین صورت تقطیع می کنیم:

سَ	حَر	بُلْ	بُلْ	ح	کا	یَت	با	صَ	با	کرد
لا	_	_	_	لا	_	_	_	لا	_	_
که	عش	قِ	رو	ی	گل	با	ما	چه	ها	کرد
مَفاعیلن				**مَفاعیلن**				**مفاعیل**		

با ملاحظهٔ تقطیع فوق سه رکن «مفاعیلن – مفاعیلن – مفاعیل» کشف و در نهایت بحر عروضی مزحوف «هَزَج مسدّس» به وجود آمد. به طوریکه قبلاً اشاره شد در ضمن تقطیع چند حرف حذف و ساقط می‌گردند که تعداد آنها هفت حرف بوده به شرح بیت زیر:

هفت حرف است آنچه مکتوب است و ناید در بیان

باء و تاء و یاء و هاء و نون، الف پس دال دان

همانطور که گفته شد که تقطیع مصاریع اشعار شبیه بخش کردن کلمات در سال اوّل دورهٔ دبستان می‌باشد. در این تشبیه یک نکته لازم به ذکر بوده و آن این است که در کلاسهای آغازین دبستان هر کلمه را به طور مستقل و جدا از کلمات دیگر، بخش میکنند ولی در تقطیع عروض تمام کلمات هر مصراع

بطور یکجا مّد نظر قرار میگیرد زیرا بعضاً آخر کلمات ما قبل به اوّل کلمات ما بعد در همان مصراع پیوند خورده تا یک رکن به وجود آید. مثلاً به بیت زیر از دیوان سنایی توجّه شود:

خانه ی طامات عمارت مکن　　　کعبه ی آفاق زیارت مکن

نحوهٔ بخش کردن در مقطع تحصیلی ابتدائی چنین است:

خانه ی (= سه بخش)، طامات (= دو بخش)، عمارت (= سه بخش)، (مکن = دو بخش).

اما در تقطیع عروض می گوییم:

خا	ن	ی	طا	ت	ع	یَت	ما	رت	م	کن	
–	لا	لا	–	–	لا	لا	–	–	لا	–	
کع	ب	ی	آ	فا	ق	ز	یا	رت	م	کن	
مُفتعلن				مُفتعلن				فاعِلن			

لذا با کمی دقّت متوّجه می شویم که عبارت «خانه ی» به «طا» از کلمهٔ بعدی پیوند خورده تا رکن « مُفتعلن» به وجود آید، امّا در دبستان این کار انجام نمی‌شود. علاوه بر این در تقطیع به منظور دسترسی به وزن اصلی شعر و انطباق آن با یکی از بحور پذیرفته شده، اصول و قواعدی باید رعایت گردد که ما آن اصول را تحت عناوین "قواعد تقطیع، اختیارات شاعری و ضرورات شعری" به طور اجمال بیان خواهیم نمود:

الف) قواعد تقطیع:

۱- هجای کوتاه «صامت + مصوت کوتاه» که علامت قراردادی آن در تقطیع «U» است، در آخر مصراع، هجای بلند با علامت «–» در نظر گرفته می‌شود.

۲- اگر در وسط مصراع به یک حرف صامت تنها برخوردیم، باید یک مصوّت کوتاه به آن بیفزاییم تا تبدیل به یک هجای کوتاه گردد. مثلاً در مصراع بیت معروف:

"توانا بود هر که دانا بود   ز دانش دل پیر برنا بود"

حرف صامت «ر» در کلمهٔ «پیر»، تنها واقع شده و آهنگ شعر با مصراع قبلی سازگار نبوده فلذا باید یک مصوّت کوتاه (ُ یا ِ) به آن بیفزاییم تا تبدیل شود به «پیرو» و وزن مصراع چنین بشود: "ز دانش دل پیر و برنا بود" که در این صورت با مصراع قبلی مساوی و هم وزن می‌گردد.

۳- ساقط کردن حروف هفتگانه «ب، ت، ی، ه، ن، ا، د» (= بن هدایت) در تقطیع، اگر چنانچه بوسیله مصوّت بعد از خود جذب نشده باشند. مانند این بیت مولوی:

گفت زن این گربه خورد آن گوشت را   گوشت دیگر خرار باشد هلا

حرف «ت» آخر کلمهٔ گوشت چون جذب مصوّت بعدی نشده در تقطیع حذف گردیده، یعنی کلمهٔ گوشت مبدّل به "گوش" شده است. از این نوع موارد در جای جای تقطیع پیدا می‌شود که باید قاعده مربوطه را اعمال نمود تا وزن شعر با بحر اصلی آن سازگار شود.

ب) اختیارات شاعری:

برای اینکه وزن تقطیعی به وزن اصلی شعر مبدّل گردد شاعر اختیار دارد از دو صورت ممکنه یکی را به کار بندد تا خدشه ای در وزن شعر پیدا نشود.

۱- شاعر حق دارد در پایان مصراع، یک یا دو صامت بیفزاید یا نیفزاید.

توجّه: از ذکر سایر موارد به علت تخصّصی بودن خودداری می‌گردد ولی در صورت لزوم می توان به کتب تفصیلی مراجعه نمود.

ج) ضرورات: واژهٔ ضَرورات از نظر علم صرف عربی جمع «ضَرورت» است ولی در اصطلاح عروضی به تغییراتی گفته می‌شود که به منظور هماهنگی شعر با بحور عروضی مربوطه در هجاهای کوتاه و بلند ایجاد می‌گردد. ضَرورت شعری را علاقمندان به ادب فارسی خوب تشخیص می دهند و اعمال آن هم به راحتی میسور است. مثلاً گاهی علامت نَفی «نه» را می توان اشباع و به صورت « نی = NEE» تلّفظ کرد و همچنین به ضرورت می توان « که از» را به «کز» تبدیل نمود و......

حَشْو و انواع آن

به طوری که در مبحث اَفاعیل عروضی گفته شد در اغلب اشعار فارسی ارکان بین رکن اول و آخر هر مصراع را «حَشو» مینامند[1].

حشو بر سه قسم است: **قبیح، متوسط و ملیح.**

---

[1] در ابیاتی که جمعاً هشت رکن دارند، رکن دوم و سوم هر مصراع و نیز ابیاتی که جمعاً شش رکن دارند، رکن دوم هر مصراع آن را حشو می نامند. فلذا همانطور که قبلا ذکر شد بدیهی است که ابات چهار رکنی مطلقاً فاقد حشو خواهند بود.

۱- **حشو قبیح:** عبارت است از آوردن لفظی بین مصاریع ابیات که زائد بر مراد و مقصود اصلی شاعر بوده و شعر را از سلاست دور کند مانند لفظ «فرق» با وجود لفظ «سر» دراین بیت:

ساقیا باده ده که رنج خمار　　　سر و فوق مرا به درد آورد

۲- **حَشْو مُتوسّط:** که عبارت است از آوردن کلام معترضی که هر چند زائد بر اصل مراد شاعر باشد امّا در سلاست بیت نقصانی ایجاد نکند مانند لفظ «این آفتاب مرتبه» در بیت زیر:

در جنب رای روشن تو نور آفتاب　　　این آفتاب مرتبه نوری است مستعار

۳- **حَشْو مَلیح:** عبارت از آوردن لفظی است که سبب حسن کلام گردیده و سخن را ملاحت بخشد. این گونه حشو اکثراً به صورت دعائی آورده می‌شود مانند:

تیغت که باد سینهٔ خصمت نیام او　　　در دست تو، چو با اسدالله ذوالفقار.

در بیت فوق عبارت «باد سینهٔ خصمت نیام او» حشو ملیح است که به «حشو لوزینج» معروف است و لوزینج معرّب «لوزینه» فارسی است به معنی شیرینی مخصوصی که با آرد، بادام و شکر ساخته می‌شود[1].

[1] لوز به عربی بادام را گویند، شکل هندسی لوزی هم شبیه مغز بادام است.

اسامی بحور عروضی

به طوری که قبلاً هم اشاره شد، اول کسی که بحور عروضی اشعار فارسی و عربی را کشف نمود، خلیل بن احمد اَزْدی بصری نحوی متوفّی به سال ۱۷۵ هجری قمری بوده است[۱]. نامبرده علاوه بر تسلّط کامل به زبان عربی خصوصاً «علم نَحْو»به قوانین و قواعد موسیقی نیز اشراف کامل داشت و به همین جهت ضمن خوض و غور عمیق در ژرفای ادب فارسی و عربی بویژه علم عروض، توانست که شانزده بحر عروضی را مکشوف سازد که عبارتند از:

۱- **بحر طویل:** بر وزن فعولن مفاعیلن دوبار در هر مصراع.

۲- **بحر مَدید:** بر وزن فاعلاتن فاعلن دوبار در هر مصراع.

۳- **بحر بَسیط:** بر وزن مُسْتَفعِلن فاعلن دوبار در هر مصراع.

٤- **بحر وافِر:** مرکب از چهار بار مُفاعِلتن در هر مصراع.

۵- **بحر کامل:** مرکب از چهار بار مُتَفاعلن در هر مصراع.

لازم به ذکر است که پنج بحر مزبور اختصاص به اشعار عربی داشته و فارسی زبانان کمتر به این اوزان شعر سروده اند.

٦- **بحر هزج:** مرکب از چهار بار مَفاعلین در هر مصراع

۷- **بحر رَجَز:** مرکب از چهار بار مُسْتَفْعِلن در هر مصراع

---

[۱] خلیل بن احمد مکنّی به ابو عبدالرحمن متولد سال ۱۰۰ ه.ق و متوفی به سال ۱۷۵ ه.ق که به روایت ابن خلّکان در رساله فرهنگ، نامبرده از انباء ملوک عجم بوده که انوشیروان پس از فتح یمن ایشان را به بصره فرستاد و سیبویه نیز از همین خاندان و نژاد بوده است.

۸- **بحر رَمَل:** مرکب از چهار بار فاعلاتن در هر مصراع

۹- بحر سریع: مرکب از تکرار مُسْتَفْعِلن مُسْتَفْعِلن مَفعْولاتُ در هر مصراع

۱۰- **بحر مُنْسَرِح:** مرکب از مُسْتَفْعِلن مَفعْولاتُ دو بار در هر مصراع

۱۱- **بحر خفیف:** مرکب از فاعلاتن مُسْتَفْعِلن فاعلاتن در هر مصراع

۱۲- **بحر مضارع:** مرکب از مفاعلین فاعلاتن دوبار در هر مصراع

۱۳- **بحر مقتضب:** مرکب از مَفعْولاتُ مُسْتَفْعِلن دوبار در هر مصراع

۱۴- **بحر مُجْتَثّ:** مرکب از مُسْتَفْعِلن فاعلاتن دوبار در هر مصراع

۱۵- **بحر مُتَقارب:** مرکب از چهار بار فَعولن در هر مصراع

۱۶- **بحر مُتَدارک:** مرکب از چهار بار فاعلن در هر مصراع

بعد از خلیل بن احمد،دانشمند دیگری موسوم به «سعید بن مسعده» و ملقب به «اَخْفَش اَوْسط» که از شاگردان «سیبویه » بود سه بحر دیگر را مکشوف ساخت که بدین قرار است:

۱۷- **بحر قدیم یا بحر قریب:** بر وزن مفاعیلن مفاعیلن فاعلاتن در هر مصراع

۱۸- ب**حر جدید یا بحر غریب:** مرکب از فاعلاتن فاعلاتن مُستفعلن در هر مصراع

۱۹- **بحر مُشاکل:** مرکب از دو بار فاعلاتن مفاعیلن در هر مصراع

بنابراین مجموع بحور عروضی مکشوفه وسیلهٔ «خلیل بن احمد» و «سعید بن مسعده» ملقب به «اخفش اوسط» به نوزده بحر فزونی یافت.

اینک ضرورت دارد که چند ویژگی مربوط به بحور نوزده گانه را یاد آور گردیم:

۱- چهار بحر «سریع، خفیف، قریب و جدید» همیشه هر کدام دارای سه رکن می‌باشند (در هر مصراع)

۲-بقیّه پانزده بحر دیگر همانطوری که ملاحظه شد هر کدام دارای چهار رکن بوده ولی ممکن است به سه رکن هم اقتصار گردند. بدیهی است که در صورت چهار رکنی «مُثَمّن» و در صورت سه رکنی «مُسَدّس» نامیده می شوند.

۳-بحور مُتقارب، مُتَدارک، رَجَز، هَزَج، رَمَل، کامِل و وافِر را مُتَفِقُ اْلأَرکان و باقی را مختلف اْلأرکان می‌نامند.

٤- بطوریکه قبلاً گفته شد پنج بحر طویل، مَدید، بسیط، وافِر و کامل اختصاص به شعراء عرب داشته و در مقابل چهار بحر متدارک، قریب، غریب و مُشاکل مختصّ شعراء عجم بوده و ده بحر باقیمانده بین شعراء عرب و عجم مشترکند.

در پایان شایان ذکر است که شادروان استاد دکتر حمیدی شیرازی نیز چهار بحر به بحور نوزده گانهٔ قبلی بدین شرح افزودند:

۲۰- **بحر کبیر:** مرکب از دو بار « مُتَفاعِل تُن » در هر مصراع[۱]

۲۱- **بحر صغیر:** مرکب از سه بار « مفاعلن » در هر مصراع[۲]

۲۲- **بحر اَخْرَس:** مرکب از چهار مُتَفا «مُتْفا» در هر مصراع[۳]

---

[۱] این بحر را می توان از فروغ بحر متدارک مثّمن به شمار آورد.

[۲] از فروع بحر رجز مسّدس است.

[۳] ازفروع بحر متدارک مثمّن است.

۲۳- **بحر بدیل:** مرکب از سه بار مُتَفاعل (فعلاتن) در هر مصراع[1]

زَحْف - زِحاف

بطوری که قبلاً بیان شد تعداد بحور عروضی اصلی قدیمی و بحور جدید کلا بیست و سه بحر است که در اشعار فارسی مطرح می‌باشند. امّا می‌دانیم که تعداد بسیار زیادی از بحور عروضی دیگر در اشعار فارسی کاربرد دارند که اکثراً از بحور اصلی لذّت بخشتر و دلنشین ترند که به آنها بحور مُزاحَف می‌گویند. اما زَحْف یا زِحاف چیست؟ زِحاف مصدر دوم باب مُفاعَله عربی است نظیر جِدال و عِناد و نیز با مصدر ثلاثی مجّرد خود «زَحْف» مُرادف است. معنی لغوی زَحْف عبارتست از حرکت و رفتن و منحرف شدن از هدف اصلی و نیز به طرف یکدیگر رفتن و..... است. امّا در اصطلاح عروضی، زَحْف و زِحاف عبارت است از افتادن حرفی در میان دو حرف و نیز افتادن حرفی از میان دو حرف که رفتن این دو حرف را به سوی همدیگر ممکن می سازد. بدیهی است که تغییرات زَحْف و زِحاف معمولاً در اجزاء ارکان عروضی یعنی «سبب خفیف و ثقیل» رخ می دهد. کوتاه سخن آنکه زحاف معمولاً به صورت نقصان یک یا دو حرف از رکنی و گاه با افزودن حرفی به رکنی ایجاد می‌گردد که به هر حال، بحر زحاف یافته را «مُزاحَف» خوانند.[2]

---

[1] از فروع بحر رمل مسدّس است.

[2] بعضی از دانشمندان متقدّم تصوّر می کردند که «زِحاف» جمع «زَحْف» است که این امر اشتباه محض است و حتّی این اشتباه به «شمس قیس رازی» و صاحب «کشّاف اصطلاحات الفنون » نیز دست داده است زیرا نظر اجماع لغویّون این است که «زَحْف و زِحاف» هر دو مصدر و مفرد بوده و جمع «زِحاف» زِحافات و ازاحیف است و به قول میبدی : زَحْف مثل «عَدْل، صَوم » جمع ندارد .

باید متذکّر گردید که هر قدر بیشتر پیرامون قواعد و قوانین ظریف و پیچیده عروضی بویژه پیدایش بحور مُزاحَف و قلیل الاستعمال و نامأنوس قلمفرسایی گردد، علاوه بر آنکه برای عموم علاقمندان فاقد تحصیلات تخصصّی ادبیات فارسی مفید فایده نبوده، نتیجهٔ منفی نیز در بر نخواهد داشت و به نوعی «گریز پایی» از مکتب شعر و شاعری تبدیل خواهد شد. روی این اصل ما اهتمام می ورزیم که برای نَیْل به هدف «جمعه به مکتب آوردن گریز پایان» با ذکر قواعد و قوانین بدیهی و همه فهم علم عروض، به اصل مُسلّم «خَیْرُ اْلکَلام ماقَلّ وَ دَلّ و لم یُمَلّ» جامهٔ عمل بپوشانیم. شایان ذکر است که علاقمندان به تحصیلات مقاطع کارشناسی و بالاتر در رشتهٔ ادبیات فارسی به خوبی می دانند که برای رسیدن به ذروهٔ قُلَل رفیع ادب پارسی باید از منابع و مآخذ ارزندهٔ تخصصّی و گرانسنگ اساتید بی بدیل ایران زمین بهره مند گردند.

بحور مُزاحَف

همانطوریکه قبلاً گفته شد با کم و زیاد کردن یکی دو حرف نسبت به سبب های خفیف و ثقیل موجود در ارکان عروضی، بحور مُزاحف به وجود خواهند آمد. مبحث بحرهای مزاحَف بسیار وسیع و تعداد آنها از عدد سیصد هم تجاوز می‌کند. روی این اصل عقل سلیم حکم میکند که اولاً از ذکر اسامی این بحور خود داری شود و ثانیاً از علاقمندان به علم عروض و قافیه و شعر و شاعری نخواهیم که در حفظ کردن بحور مزاحَف اهتمام ورزند زیرا در صورت نیاز به

هر یک از بحور مُزاحَف مربوط به بحور بیست و سه گانه اصلی شعر فارسی میتوان از کتب ذیربط استفاده و رفع نیاز نمود.

با این حال در پایان این مبحث به منظور تأیید و تأکید مطالب مندرجه در فوق یادآور می‌گردد که تعداد زحافات مشهور هیجده نوع بوده که اسامی آنها بدین شرح می‌باشند: خرْب، خَرْم، بَتْر، زَلَل، خَبْن، طَیّ، قَبضْ، شَتْر، کَفّ، قَصْر، حَذْف، قَطْع، وَقْف، کَسْف، ثَلْم، نَحْر، قَطْف، اِسباغ.

رُباعی

یکی از قالبهای زیبا و دلنشین اشعار فارسی، رباعی است. رباعی نوعی دو بیتی است که آهنگ خاصّی دارد[۱].

بیت اول رباعی «مُصَرّع» بوده و بیت دوم آن «مُقَفّی»[۲] می‌باشد. معروف است که واضع شعر رباعی اوّل بار «رودکی سمرقندی» بوده و داستانی بدین مضمون دارد: روزی رودکی در گذرگاهی کودکی را مشغول بازی کودکانه می بیند و مشاهده کرد که «جوزی»[۳] می غلطید و کودک نظّاره گر غلطیدن آن بوده و از روی هوش و ذکاوت فطری ایرانی خود چنین می گوید:

---

[۱] آهنگ معروف «رباعی » بر وزن "لا حولَ وَ لا قُوّ تَ الاّ بالله" برابر «مَفعولُ مفاعیلُ مفاعیلُن ْ فَعْ» است که یکی از اوزان تقطیعی رباعی بود نه وزن اصلی آن یعنی مَفعولُ مفاعیلُ مفاعیلُ فَعَلَ.

[۲] مُصَرّع شعری است که قافیهٔ هر دو مصراع بیت با هم متحّد باشند، مانند:

توانا بود هر که دانا بود   ز دانش دل پیر برنا بود

ولی «مُقَفّی» آن است که قافیه های مصاریع زوج متحّد باشند و قافیهٔ مصاریع فرد التزامی به اتحّاد با سایر مصراع ها نداشته امّا اگر با آنها متحّد شد منعی ندارد.

[۳] جَوْز عربی است «مَعَرّب گَوْز=گردو»

غَلطان غَلطان همی رو تا بُن گَو[1].

این صحنه رودکی را خوش آمد و از گفتار کودک اِلهام گرفته، وزن لطیفی از زِحافات بحر هَزَج مُثَمّن ابداع میکند بر وزن:

« مَفعولُ مَفاعیلُ مَفاعیلُ فَعَلْ» شامل دو بیت که بیت اول «مُصَرَّع» و بیت دوم « مُقَفّی» میباشد.

این گونه شعر دو بیتی را از آن پس به نام رُباعی سروده اند که در این میان رباعیات شیخ ابو سعید اَبی اَلخَیْر، خیّام، سعدی، مولوی، خاقانی وحافظ از شهرت بیشتری برخوردارند.

لازم به ذکر است که رباعیّات حکیم عمر خیام نیشابوری نزد جهانیان از اشتهار خاصّی بهره برده و به چند زبان زندهٔ دنیا هم ترجمه منظوم گردیده است. در میان تَراجم منظوم رباعیات خیّام، ترجمهٔ انگلیسی آن که به وسیله شاعر نامدار انگلیسی «فیتز جرالد» صورت گرفته، جایگاه خاصّ جهانی دارد.

اوزان و بحور رباعی

با توجّه به بحث مشروح قبلی پیرامون «رباعی» لازم دیدیم که اجمالاً در مورد اوزان و بحور و تاریخچهٔ رباعی، از نظرات اساتید متقدّم و بعضا متأخر بهره جوییم. «ناظم الطباء »می گوید که "رباعی در اصطلاح شعرای عجم هر شعر چهار مصراعی است که مصراع چهارم با مصاریع اوّل و ثانی هم قافیه باشد، امّا در مصراع سوم التزام نیست که همان قافیه باشد و این رباعی باید در بحر هزج

[1] گَوْ= گودال ، چاله ، مَغاک.

اَخرب[1] و اَخْرَم[2] مُثمّن آید و وزن خاص آن اینست «لا حَوْلَ و لا قُوَت اِلّا بالله» و اگر این وزن نباشد آن را رباعی نگویند". غِیاث ُ اُلْغات، فرهنگ سروری و آنندراج هم نظر فوق را تأیید کرده و اضافه می نمایند که هرگاه رباعی بر وزن «لا حَوْلَ و لا قُوَت اِلّا بالله» نباشد آنرا دوبیتی و حتّی ترانه نیز مینامند[3]. اساتید علم عروض معتقدند که «رباعی» دارای دو شجرهٔ اصلی «اَخرَب و اَخْرَم» بوده که شجرهٔ اخرب با «مفعول» آغاز شده وبرای شجره اَخْرَم هم دوازده بحر را بیان کرده اند. که مورد تأیید اکثر اساتید علم عروض عصر حاضر قرار گرفته است[4].

بحور شجرهٔ اَخْرَب

۱- مَفعول ُ مفاعلن مفاعیلُن فَع

جانم به فدای آنکه او اهل بود   سر در قدمش اگر نهم سهل بود

---

[1] اَخرَب بر وزن اَفْعل در لغت به معنی شکافته گوش و سوراخ کرده گوش است ولی در اصطلاح عروضیان به بحری گویند که در آن «خَرْب» ایجادش است. اَخْرَب به معنی «خراب تر» اصطلاحاً انداختن «م ، ن» را از رکن «مفاعیلن» گویند تا «فاعیل» بماند و «مَفْعولُ» به جای آن نهند (نقل از غیاث الغات).

[2] اَخْرَم در لغت به معنی «بینی بریده شده و یا آنکه میاهٔ دو سوراخ بینی آن بریده شده است». ولی در اصطلاح عروض به بحری گفته می شود که در آن «خَرْم»ایجاد شده است وخَرْم یعنی افتادن «فاءاز فَعُولُن» و همچنین «م از مفاعیلن». مؤلف غیاث اللُغات گوید: انداختن «م» از «مَفاعیلن» تا «فاعیلن» بماند و لفظ مستعمل «مَفْعولُن» را جای آن نهند .

[3] فرق بین رباعی و دو بیتی فقط در وزن آنها می باشد زیرا «رباعی » بر وزن «لا حَوْلَو لا قُوَت اِلاْ با لله » است ولی در مقابل دو بیتی یا ترانه چنین وزنی ندارند مانند دو بیتی های بابا طاهر عریان همدانی و غیره. آهنگ دو بیتی معمولا شبیه آهنگ «مفاعیلن مفاعیلن مفاعیل» است و راه و روش تشخیص رباعی با دو بیتی این است که بخش اول تقطیع رباعی «۲ حرفی» و لی بخش اول تقطیع دو بیتی «۱ حرفی است».

[4] ضمن مُداقْ در اکثر رباعیات، مشاهده می شود که هر چهار مصراع بیشتر رباعی ها – جز تعداد معدودی – دارای وزن واحدی نمی باشند .

۲- مَفعولُ مفاعلن مفاعیلُن فاع

قومی متفکّرند در مذهب و دین　　　جمعی متحیرند در شک و یقین

۳- مَفعولُ مفاعلن مفاعیلُ فَعَل

ابر آمد و باز بر سر سبزه گریست　　　بی ماده گلرنگ نمی شاید زیست

٤- مَفعولُ مفاعلن مفاعیلُ فَعولْ

بر مفرش خاک خفتگان می بینم　　　در زیر زمین نهفتگان می بینم

۵- مَفعولُ مفاعیلُ مَفاعیلن فَع

آبادی میخانه ز می خوردن ماست　　　خون دو هزار توبه در گردن ماست

٦- مَفعولُ مفاعیلُ مفاعیلن فاع

اسرار ازل را نه تو دانی و نه من　　　وین حرف معّما نه تو خوانی و نه من

۷- مَفعولُ مفاعیلُ مفاعیلُ فَعَل[1]

این چرخ و فلک را که بر او گردانیم　　　فانوس خیال از او مثالی دانیم

۸- مَفعولُ مفاعیلُ مفاعیلُ فَعول

پرواز که اندر دل دانا باشد　　　باید که نهفته تر از عنقا باشد

۹- مفعولُ مفاعیلن مَفعولُن فَع: گفتم که سرانجامت معلوم نشد

[1] وزن اصلی رباعی همین بحر است: مفعولُ مفاعیلُ مفاعیلُ فَعَلْ

۱۰- مَفعولُ مفاعیلن مفعولُن فاع: گفتم که سرانجامت معلوم نگشت

۱۱- مَفعولُ مفاعیلن مَفعولُ فَعَلْ: گفتم که سرانجامت معلومم گشت

۱۲- مفعولُ مفاعیلن مفعولُ فَعول: گفتم که سرانجامت معلومم شد

بحور شجرهٔ اَخْرَم

۱- مَفْعُولُن مَفْعُولُ مَفاعیلُ فَعَلْ: خاقانی را از آن رخ و زلفین بخم

۲- مَفْعولُن مَفْعولُ مَفاعیلُ فَعولْ: خاقانی را دُم کَنی ای دِمنهٔ عصر

۳- مَفْعُولُن مَفْعُولُ مَفاعیلُنْ فاع: خاقانی را طعنه مزن زهر آمیغ

٤- مَفْعولُن مَفْعولُ مَفاعیلن فَعْ: خاقانی را جور فلک یاد آید

۵ - مَفْعُولُن مَفْعُولُنْ مَفعولُ فَعولْ: با یارم می گفتم در هجر مکوش

٦- مَفْعولُن مَفْعولُن مَفْعولُ فَعَلْ: با یارم می گفتم در خشم مرو

۷- مَفْعُولُن مَفْعُولُن مَفْعولُن فاعْ: با یارم می گفتم این جَورْت چند

۸- مَفْعولُ مَفْعولُنْ مَفْعولُن فَعَ: با یارم می گفتم این جَورْت بس

۹- مَفْعُولُن فاعِلُن مَفاعیلُ فَعَلْ: سنگ اندر بر بسی دویدیم چو آب

۱۰- مَفعولُن فاعلُن مَفاعیلُ فَعولْ: خاقانی وام غم نتو زد چه کند

۱۱- مَفْعُولُن فاعلُنْ مَفاعیلُنْ فاعْ: خاقانی را گلی به چنگ افتاده ست

۱۲- مَفْعولُن فاعِلُن مَفاعیلُن فَعْ: وافریاد از عشق وافریادا

منابع و مآخذ

1) المعجم فی معابیر اشعارالعجم: محمد بن شمس قیس رازی
2) مرآت الخیال: اثری است در تراجم احوال شعرای معروف: شیر خان لوری
3) بدیع، عَروض و قافیه: تألیف استاد جلال الدین همایی
4) کشّاف اصطلاحات الفنون
5) لغت نامه علّامه علی اکبر دهخدا
6) فرهنگ فارسی: شادروان استاد دکتر مُحّمد مُعین
7) شرح گلستان: از دکتر محمّد خزائلی
8) بدیع و قافیه: اثر دکتر محمّد خزائلی
9) آشنایی با عروض و قافیه: تألیف استاد دکتر سیروس شمیسا
10) عروض فارسی: تألیف استاد دکتر عباس ماهیار
11) آرایه های ادبی: تألیف وزارت آموزش و پرورش
12) دیوان حافظ: به کوشش استاد دکتر خلیل خطیب رهبر
13) مرزبان نامه: به کوشش استاد دکتر خلیل خطیب رهبر
14) ادبیان فارسی: تألیف استاد دکتر سلطانی گِرد فرامرزی

چند کتاب پیشنهاد سردبیر انتشارات برای شما

برای تهیه کتاب ها از آمازون یا وبسایت انتشارات می توانید بارکدهای زیر را اسکن کنید

Amazon.com   kphclub.com

Kidsocado Publishing House
خانه انتشارات کیدزوکادو
ونکوور، کانادا

تلفن : ۸۶۵۴ ۶۳۳ (۸۳۳) ۱+
واتس آپ: ۷۲۴۸ ۳۳۳ (۲۳۶) ۱+
ایمیل: info@kidsocado.com
وبسایت انتشارات: https://kidsocadopublishinghouse.com
وبسایت فروشگاه: https://kphclub.com